SUPPLÉMENT

AU

CATALOGUE

DES OUVRAGES IMPRIMÉS

DE

GABRIEL PEIGNOT.

Dijon.—Imp. de Bernaudat.

SUPPLÉMENT

AU

CATALOGUE

Par ordre alphabétique

DES

OUVRAGES IMPRIMÉS

DE

GABRIEL PEIGNOT

PAR P. M.

PARIS

AUGUSTE AUBRY, LIBRAIRE, RUE DAUPHINE, 16.

DIJON

VEUVE DECAILLY, LIBRAIRE, PLACE D'ARMES.

1863

SUPPLÉMENT

AU

CATALOGUE

DES

OUVRAGES IMPRIMÉS

DE

GABRIEL PEIGNOT.

153. — Compte rendu du Catéchisme raisonné des fondements de la foi par M. Aimé, chanoine de l'église d'Arras. — Nouvelle édition. — Dijon, Coquet, 1816.

Dans le *Journal de la Côte-d'Or* (Amanton) du 11 janvier 1817.

154. — Correspondance inédite de G. Peignot avec Amanton, précédée d'une introduction par M. Honoré Bonhomme (6 lettres).

Dans le *Bulletin du Bibliophile*, janvier-février 1863, p. 78-95.

155. — Entrée des rois de France à Dijon.

Dans le *Guide du voyageur et de l'amateur à Dijon*, par J. B. Noellat — Dijon, 1822, in-18, p. 360-364.

156. — Envoi par G. Peignot à son beau-frère Nicolas de son ouvrage en 2 volumes in 8° intitulé : *Dictionnaire des livres condamnés au feu*, et qu'alors il appelait le Bûcher bibliographique. — 5 décembre 1807. — Pièce en patois bourguignon (1).

Dans l'*Histoire de l'Idiome bourguignon*, par Mignard.— Dijon, 1856, in-8°, p. 469.

(1) Voici cette pièce :

J'on béa charché dan not' sarvéa
Et nô creusai lai téte,
Y n'y trôvon ran de nôvéa
Por célaibré tai féte.
Veci de mes anfan l' darnié
Qu'y on fa san not' famme ,
Pran le cheu toi por aimiquié,
J' te l'offron d' cœu et d'ame.
Ce cher anfan à dé pu chau !
Ai dureré, j'espeire,
Pu que tô lé petio mairmo
Don tai sœu m'é fai peire ;
Ma, morgué, queique chau qué soi,
Y veu qu'on m' déshonore
Si mon cœu d'aimiquié po toi
Ne brul' pu for ancore.

157. Lettre à M. Crapelet, du 6 avril 1840, pour le remercier de l'envoi d'une Vie de Jeanne d'Arc.

Dans le *Bulletin du Bouquiniste*, Paris, Aubry, 1er janvier 1862, page 11.

158. — Lettre au même, du 1er décembre 1840, sur les imprimeries de Dijon.

Dans le *Bulletin du Bouquiniste*, 1er janvier 1862, p. 12.

159. — Lettre de Fontenelle au marquis de la Fare sur la résurrection. En Europe, 1819, in-12, 9 pages (1).

Tiré à 50 exemplaires.

Sous le titre de *Lettres facétieuses de Fontenelle, qui n'ont jamais été imprimées dans ses œuvres*, Bagdad, 1808, on a réuni les trois opuscules suivants : *Lettre de Fontenelle au marquis de la Fare sur la résurrection* (no 11) ; *La Création et le Paradis perdu* (no 14) ; et la *Relation de l'île de Bornéo* (no 128).

160. — Lettres sur Dijon (écrites en juillet 1831), suivies des observations sur Dijon sous le nom d'Argos, et de

(1) Réimpression du no 51 du *Catalogue des ouvrages de G. Peignot*, dont on a supprimé le supplément.

la lettre d'un Dijonnais à son ami, avec notes inédites de Gabriel Peignot. — Paris, Aubry, 1863, in-8º de 57 pages.

Tiré à 200 exempl., dont 2 sur papier de couleur et 12 sur papier vergé.

161. — Liste des Bourguignons à l'Académie française.

Dans le *Journal de Dijon et de la Côte-d'Or* du 9 avril 1826.

162. — Notices biographiques extraites de la *Biographie universelle Michaud*.

Anisson Laurent,	tome II,	1811.
Anisson Duperron,	tome II,	1811.
Augereau (Antoine),	tome III,	1811.
Aussurd (Antoine),	tome III,	1811.
Baglioni (Thomas),	tome III,	1811.
Barbou,	tome III,	1811.
Bernard (Jean-Frédéric),	tome IV,	1811.
Bienné (Jean),	tome IV,	1811.
Bischop (Nicolas)	tome IV,	1811.
Lacoste (Jean),	tome LXIX,	1841.
Lebé (Guillaume),	tome XXIII,	1819.
Pot (Philippe),	tome XXXV,	1823.

163. — Notice des livres composant le cabinet de M. G. P.... directeur de l'école secondaire communale de Vesoul , bibliothécaire du département et de la ville , in-8° s. d. — 945 numéros avec les prix.

Ce catalogue est précédé de la préface suivante :

Otium sine litteris mors est.
Vesoul , département de la Haute-Saône.

Cette collection, formée successivement par M. G. P., est moins recommandable par le luxe des ouvrages que par leur utilité. On y en trouve cependant un certain nombre en papier vélin, et quelques-uns sont assez rares. Les livres qui la composent sont tous du choix du propriétaire, à l'exception, 1o de quel - ques ouvrages (surtout de jurisprudence) qui proviennent de la bibliothèque de feu M. P. père, et 2o de plusieurs bons livres que M. G. P... doit à l'extrême bienveillance que ses amis, ou les savants avec lesquels il est en correspondance, lui ont constamment témoignée. Ce sont des monuments précieux que la piété filiale et la reconnaissance lui rendent infiniment chers. Le surplus, qui forme à peu près les six-huitièmes de la collection, a été choisi conformément à ses goûts; c'est-à-dire que les classiques, les glossographies, l'histoire littéraire, la typographie et la bibliographie en forment la base. Quelques livres d'agrément s'y trouvent mêlés aux livres d'érudition. Une grande partie de cette bibliothèque a été acquise en échange d'exemplaires des ouvrages que M. G. P. a publiés : c'est le fruit le plus doux de ses travaux ; il le doit à l'accueil dont le public a honoré ses essais bibliologiques. Cela lui a procuré l'avantage d'avoir la plupart des articles de cette collection un peu au-dessous des prix ordinaires de la librairie (1). M. G. P. n'enfouit point le petit trésor qu'il a amassé : il pense et agit comme M. Begon, propriétaire d'une riche bibliothèque, qui mettait sur ses livres : *Michaelis Begon et amicorum;* son plus grand plaisir est de les communiquer, et sa plus douce jouissance est de se pénétrer de ce qu'ils renferment de meilleur, d'en converser avec les personnes qui savent apprécier les plaisirs et les avantages de l'étude, et surtout d'en inspirer le goût à la jeunesse.

Nota. Les échanges que l'on a proposés à M. G. P. relativement aux deux derniers ouvrages qu'il a mis au jour lui permettent de céder aux personnes qui lui ont fait différentes demandes, les livres qui leur conviendront dans le catalogue ci-joint. Il n'excepte de la vente que le petit nombre d'articles auxquels il attache un prix d'affection par le motif exposé en tête de cette notice. Ceux qui pren-

---

(1) Ce ne sont pas ceux qui ont été acquis dans les ventes de bibliothèques appartenant à des savants de distinction : tous les articles qu'on s'est procurés aux ventes de MM. Brunck (à Strasbourg), Anquetil-Duperron, d'Ansse de Villoison et autres (à Paris), ont été payés fort cher : la réputation des propriétaires a singulièrement influé sur le prix des ouvrages.

dront une certaine quantité d'ouvrages, jouiront d'une re-
mise et de termes proportionnés à leur demande.

164.— Notice nécrologique sur M. le baron Perreney de
Grosbois.

Dans le *Journal de la Côte-d'Or* du 22 mai 1840.

516. — Notice sur Ballard (Robert).

Dans le *Journal de Dijon et de la Côte-d'Or* du 14 janvier
1826.

166. — Notice sur la Chartreuse de Dijon.

Dans le *Voyage pittoresque en Bourgogne*, département de la
Côte-d'Or. — Dijon, 1833, p. 49-51.

167. — Notice sur l'église Notre-Dame de Dijon.

Dans le *Voyage pittoresque en Bourgogne*, p. 5-6.

168. — Notice sur le Château de Dijon.

Dans le *Voyage pittoresque en Bourgogne*, p. 23. Extrait des
Détails historiques sur le Château de Dijon. (Voir le n° 15.)

169. — Notice sur le Palais de justice à Dijon.

Dans le *Voyage pittoresque en Bourgogne*, p. 24.

170. — Notice sur le Palais des Etats à Dijon.

Dans le *Voyage pittoresque en Bourgogne,* p. 43.

171. — Notice sur l'hôtel des Ambassadeurs à Dijon.

Dans le *Voyage pittoresque en Bourgognè,* p. 44.

172. — Notice sur les Vestiges de l'ancien Palais des ducs de Bourgogne.

Dans le *Voyage pittoresque en Bourgogne,* p. 7-8.

173. — Opuscules de G. Peignot, extraits de divers journaux, revues, recueils littéraires, etc., dont il n'a été fait aucun tirage à part, avec une introduction par Ph. Milsand, bibliothécaire adjoint de la ville de Dijon. — Paris, J. Techener, 1863, in-8° (sous presse, pour paraître en juillet 1863).

Tiré à 200 exemplaires sur papier vergé, et deux sur papier de couleur.

Ce volume est la réunion des nos 4, 6, 13, 20, 23, 34, 38, 53, 54, 55, 56, 57, 58, 63, 69, 71, 73, 76, 77, 79, 81, 82, 85, 86, 87, 89, 90, 97, 101, 110, 111, 114, 125, 134, 135, 139, 140, 142, 143, 144, 145, 155, 161, 162, 164, 165, 166, 167, 169, 170, 171, 172, 176.

174. — Petit résumé chronologique de la carrière qu'a parcourue Napoléon Buonaparte, né à Ajaccio, de Charles Buonaparte et de Lætitia Raniolini, le 15 août 1769.

Dans le *Journal de la Côte-d'Or* (Amanton) du 30 septembre 1815, et reproduit dans le *Précis chronologique du règne de Louis XVIII* (n° 104).

175. — Précis chronologique et anecdotique de l'histoire de France, contenant la généalogie exacte et raisonnée des souverains de France depuis l'origine de la monarchie, et la chronologie de la révolution française jusqu'au moment actuel. — Dijon, Noellat, 1815, in-8°.

Titre modifié de la *Maison royale de France* (n° 65). Suivant M. Quérard (*France littéraire*), les événements de la fin de mars 1815 firent suspendre l'annonce de cet ouvrage, et déterminèrent le libraire-propriétaire à en supprimer plusieurs passages et à en changer le titre. Après la seconde restauration, en 1816, on rétablit l'ancien titre, et le volume parut alors dans son état primitif.

176. — Relation d'un congrès tenu par les oiseaux de la Haute-Saône, à l'occasion d'une certaine ambassade de Bartavelles, qui fit son entrée, l'hiver dernier, dans la bonne ville de Vesoul.

Dans le *Bulletin du Bouquiniste*, 1er avril 1863, p. 179-184, et tiré à part à 25 exemplaires, dont 2 pour le dépôt légal. Paris, Aug. Aubry, 1863, 8 p. in-8°.

Tels sont les résultats de mes nouvelles recherches et des communications obligeantes qui m'ont été faites.

Je ne terminerai pas sans indiquer un excellent travail publié par M. J. Simonnet, membre de l'Académie de Dijon et de la Commission des Antiquités de la Côte-d'Or, sous le titre de : *Essai sur la vie et les ouvrages de G. Peignot*, accompagné de quelques pièces inédites, Paris, Aubry, 1863, in-8°, qui, par des détails biographiques exacts et une appréciation de tous les ouvrages de G. Peignot, se fera rechercher de tous les bibliophiles.

P. M.

Dijon, 1er juin 1863.

ERRATA

Au Catalogue des ouvrages imprimés de G. PEIGNOT, Paris et Dijon 1861.

—

Page 18, n° 28. *Essai historique sur la lithographie, etc.* Après *imprimé dans le Journal de Dijon, année* 1818, ajoutez : n°ˢ 88, 89, 90 et 98, année 1819.

Page 23, no 46. *Lettre à M. C. N. Amanton, etc.* Ajoutez à la fin de cet article : et reproduite dans les *Variétés, Notices et Raretés bibliographiques* (n° 150).

Page 37, no 98. *Parchemin, Papier.* Ajoutez à la fin de cet article : Extrait de l'*Essai sur l'histoire du Parchemin et du Vélin* (n° 30), et du *Dictionnaire raisonné de Bibliologie* (n° 18), au mot PAPIER.

9 782019 297152